I0781402

Humani generis

Encíclica sobre las falsas opiniones contra los fundamentos de la doctrina católica

Papa PÍO XII

Humani generis

Encíclica sobre las falsas opiniones contra los fundamentos de la doctrina católica

San Lino Libros

1.ª edición: octubre de 2024

© San Lino Libros

Traducción: Pascual M. Montis

ISBN: 979–8343–012–25–5
Impreso en la Unión Europea

Impresión, venta y distribución: Amazon Media EU S.à r.l.

✠

Pius PP. XII

*A Nuestros Venerables Hermanos
Patriarcas, Primados, Arzobispos,
Obispos y demás ordinarios locales en
paz y en comunión con la Sede
Apostólica.*

Papa Pío XII

*Venerables Hermanos,
Salud y Bendición Apostólica.*

Las disensiones y errores del género humano en cuestiones religiosas y morales han sido siempre fuente y causa de intenso dolor para todas las personas de buena voluntad, y principalmente para los hijos fieles y sinceros de la Iglesia; pero en especial lo son hoy, cuando vemos combatidos aun los principios mismos de la civilización cristiana.

INTRODUCCIÓN

1. Ni es de admirar que siempre haya habido disensiones y errores fuera del redil de Cristo. Porque, aun cuando la razón humana, hablando absolutamente, procede con sus fuerzas y su luz natural al conocimiento verdadero y cierto de un Dios único y personal, que con su providencia sostiene y gobierna el mundo y, asimismo, al conocimiento de la ley natural, impresa por el Creador en nuestras almas; sin embargo, no son pocos los obstáculos que impiden a nuestra razón cumplir eficaz y fructuosamente este su poder natural. Porque las verdades tocantes a Dios y a las relaciones entre los hombres y Dios se hallan por completo fuera del orden de los seres sensibles; y, cuando se introducen en la práctica de la vida y la determinan, exigen sacrificio y abnegación propia.

2. Ahora bien: para adquirir tales verdades, el entendimiento humano encuentra dificultades, ya a causa de los sentidos o imaginación, ya por las malas

concupiscencias derivadas del pecado original. Y así sucede que, en estas cosas, los hombres fácilmente se persuadan ser falso o dudoso lo que no quieren que sea verdadero. Por todo ello, ha de defenderse que la revelación divina es moralmente necesaria, para que, aun en el estado actual del género humano, con facilidad, con firme certeza y sin ningún error, todos puedan conocer las verdades religiosas y morales que de por sí no se hallan fuera del alcance de la razón [1].

Más aún; a veces la mente humana puede encontrar dificultad hasta para formarse un juicio cierto sobre la credibilidad de la fe católica, no obstante que Dios haya ordenado muchas y admirables señales exteriores, por medio de las cuales, aun con la sola luz de la razón se puede probar con certeza el origen divino de religión cristiana. De hecho, el hombre, o guiado por prejuicios o movido por las pasiones y la mala voluntad, puede no sólo negar la clara evidencia de esos indicios externos, sino también resistir a las inspiraciones que Dios infunde en nuestra almas.

3. Dando una mirada al mundo moderno, que se halla fuera del redil de Cristo, fácilmente se descubren las principales direcciones que siguen los doctos. Algunos admiten de hecho, sin discreción y sin prudencia, el sistema evolucionista, aunque ni en el mismo campo de las ciencias naturales ha sido probado como indiscutible, y pretenden que hay que extenderlo al origen de todas las cosas, y con temeridad sostienen la hipótesis monista y panteísta de un mundo sujeto a perpetua evolución. Hipótesis, de que se valen bien los comunistas para defender y propagar su materialismo dialéctico y arrancar de las almas toda idea de Dios.

La falsas afirmaciones de semejante evolucionismo, por las que se rechaza todo cuanto es absoluto, firme e inmutable, han abierto el camino a las aberraciones de una moderna filosofía, que, para oponerse al Idealismo, al Inmanentismo y al Pragmatismo se ha llamado a sí misma Existencialismo, porque rechaza las esencias inmutables de las cosas y sólo se preocupa de la existencia de los seres singulares.

Existe, además, un falso Historicismo que, al admitir tan sólo los acontecimientos de la vida humana, tanto en el campo de la filosofía como en el de los dogmas cristianos destruye los fundamentos de toda verdad y ley absoluta.

4. En medio de tal confusión de opiniones, nos es de algún consuelo ver a los que hoy no rara vez, abandonando las doctrinas de Racionalismo en que antes se habían formado, desean volver a las fuentes de la verdad revelada, y reconocer y profesar la palabra de Dios, conservada en la Sagrada Escritura como fundamentos de la teología. Pero al mismo tiempo lamentamos que no pocos de ésos, cuanto con más firmeza se adhieren a la palabra de Dios, tanto más rebajan el valor de la razón humana; y cuanto con más entusiasmo realzan la autoridad de Dios revelador, con tanta mayor aspereza desprecian el Magisterio de la Iglesia, instituido por nuestro Señor Jesucristo para guardar e interpretar las

verdades revelada por Dios. Semejante desprecio no sólo se halla en abierta contradicción con la Sagrada Escritura, sino que se manifiesta en su propia falsedad por la misma experiencia. Porque con frecuencia hasta los mismos disidentes de la Iglesia se lamentan públicamente de la discordia entre ellos reinante en las cuestiones dogmáticas, de tal suerte que, aun no queriéndolo, se ven obligados a reconocer la necesidad de un Magisterio vivo.

5. Los teólogos y filósofos católicos, que tienen la difícil misión de defender e imprimir en las almas de los hombres las verdades divinas y humanas, no deben ignorar ni desatender estas opiniones que, más o menos, se apartan del recto camino. Aún más, es necesario que las conozcan bien, ya porque no se pueden curar las enfermedades si antes no son suficientemente conocidas; ya que en las mismas falsas afirmaciones se oculta a veces un poco de verdad; ya, por último, porque los mismos errores estimulan la mente a investigar y ponderar con mayor diligencia algunas verdades filosóficas o

teológicas.

6. Si nuestros filósofos y teólogos procurasen tan sólo sacar este fruto de aquellas doctrinas estudiadas con cautela, no tendría por qué intervenir el Magisterio de la Iglesia. Pero, aunque sabemos que los maestros y estudiosos católicos en general se guardan de tales errores, Nos consta, sin embargo, que aún hoy no faltan quienes, como en los tiempos apostólicos, amando la novedad más de lo debido y temiendo ser tenidos por ignorantes de los progresos de la ciencia, procuran sustraerse a la dirección del sagrado Magisterio, y así se hallan en peligro de apartarse poco a poco e insensiblemente de la verdad revelada y arrastrar también a los demás hacía el error.

7. Señálese también otro peligro, tanto más grave cuanto más se oculta bajo la capa de virtud. Muchos deplorando la discordia del género humano y la confusión reinante en las inteligencias humanas, son movidos por un celo imprudente y llevados por un interno

impulso y un ardiente deseo de romper las barreras que separan entre sí a las personas buenas y honradas; por ello, propugnan una especie tal de irenismo que, pasando por alto las cuestiones que dividen a los hombres, se proponen no sólo combatir en unión de fuerzas al arrollador ateísmo, sino también reconciliar las opiniones contrarias aun en el campo dogmático. Y como en otro tiempo hubo quienes se preguntaban si la apologética tradicional de la Iglesia no era más bien un impedimento que una ayuda en el ganar las almas para Cristo, así tampoco faltan hoy quienes se atreven a poner en serio la duda de si conviene no sólo perfeccionar, sino hasta reformar completamente, la teología y su método —tales como actualmente, con aprobación eclesiástica, se emplean en la enseñanza teológica—, a fin de que con mayor eficacia se propague el reino de Cristo en todo el mundo, entre los hombres todos, cualquiera que sea su civilización o su opinión religiosa.

Si los tales no pretendiesen sino acomodar mejor, con alguna renovación, la ciencia eclesiástica y su método a las condiciones y necesidades actuales, nada habría casi de temerse; mas, al contrario, algunos de ellos, abrasados por un imprudente irenismo, parecen considerar como un óbice para restablecer la unidad fraterna todo cuanto se funda en las mismas leyes y principios dados por Cristo y en las instituciones por El fundadas o cuanto constituye la defensa y el sostenimiento de la integridad de la fe, caído todo lo cual, seguramente la unificación sería universal, en la común ruina.

8. Los que, o por reprensible afán de novedad o por algún motivo laudable, propugnan estas nuevas opiniones, no siempre las proponen con el mismo orden, con la misma claridad o con los mismos términos, ni siempre con plena unanimidad de pareceres entre sí mismos; y de hecho, lo que hoy enseñan algunos más encubiertamente, con ciertas cautelas y distinciones, otros más audaces lo propalan mañana a las claras y sin limitaciones, con escándalo de muchos, sobre todo del clero joven, y con

detrimento de la autoridad eclesiástica. Y aunque ordinariamente se suelen tratar, con mayor cautela, esas materias en los libros que se publican, con mayor libertad se habla ya en folletos distribuidos privadamente, ya en lecciones dactilografiadas, conferencias y reuniones. Estas doctrinas se divulgan no sólo entre los miembros de uno y otro clero, en los seminarios e institutos religiosos, sino también entre los seglares, sobre todo entre quienes se dedican a la educación e instrucción de la juventud.

I. DOCTRINAS ERRÓNEAS

9. En las materias de la teología, algunos pretenden disminuir lo más posible el significado de los dogmas y librar el dogma mismo de la manera de hablar tradicional ya en la Iglesia y de los conceptos filosóficos usados por los doctores católicos, a fin de volver, en la exposición de la doctrina católica, a las expresiones empleadas por las Sagradas Escrituras y por los Santos Padres. Así esperan que el dogma, despojado de los elementos que llaman extrínsecos a la revelación divina, se pueda coordinar fructuosamente con las opiniones dogmáticas de los que se hallan separados de la Iglesia, para que así se llegue poco a poco a la mutua asimilación entre el dogma católico y las opiniones de los disidentes.

Reducida ya la doctrina católica a tales condiciones, creen que ya queda así allanado el camino por donde se pueda llegar, según exigen las necesidades modernas, a que el dogma pueda ser formulado con las categorías de la filosofía moderna, ya se trate del Inmanentismo, o del Idealismo, o del Existencialismo, ya de cualquier otro sistema. Algunos más audaces afirman que esto se puede, y aún debe hacerse, porque los misterios de la fe —según ellos— nunca se pueden significar con conceptos completamente verdaderos, mas sólo con conceptos aproximativos — así los llaman ellos— y siempre mutables, por medio de los cuales de algún modo se manifiesta la verdad, sí, pero necesariamente también se desfigurara. Por eso no creen absurdo, antes lo creen necesario del todo, el que la teología, según los diversos sistemas filosóficos que en el decurso del tiempo le sirven de instrumento, vaya sustituyendo los antiguos conceptos por otros nuevos, de tal suerte que con fórmulas diversas y hasta cierto punto aun opuestas — equivalente, dicen ellos— expongan a la manera humana aquellas verdades divinas. Añaden que la historia de los dogmas consiste en exponer las varias formas que sucesivamente ha ido tomando la verdad revelada, según las diversas doctrinas y opiniones que a través de los siglos han ido apareciendo.

10. Por lo dicho es evidente que estas tendencias no sólo conducen al llamado relativismo dogmático, sino que ya de hecho lo contienen, pues el desprecio de la doctrina tradicional y de su terminología favorecen demasiado a ese relativismo y lo fomentan. Nadie ignora que los términos empleados, así en la enseñanza de la teología como por el mismo Magisterio de la Iglesia, para expresar tales conceptos, pueden ser perfeccionados y precisados; y sabido es, además, que la Iglesia no siempre ha sido constante en el uso de aquellos mismos términos. También es cierto que la Iglesia no puede ligarse a un efímero sistema filosófico; pero las nociones y los términos que los doctores católicos, con general aprobación, han ido reuniendo durante varios siglos para llegar a obtener algún conocimiento del dogma, no se fundan, sin duda, en cimientos tan deleznables. Se fundan, realmente, en principios y nociones deducidas del verdadero conocimiento de las cosas creadas; deducción realizada a la luz de

la verdad revelada, que, por medio de la Iglesia, iluminaba, como una estrella, la mente humana. Por eso no es de admirar que algunas de estas nociones hayan sido no sólo empleadas, sino también aprobadas por los concilios ecuménicos, de tal suerte que no es lícito apartarse de ellas.

11. Por todas estas razones, pues, es de suma imprudencia el abandonar o rechazar o privar de su valor tantas y tan importantes nociones y expresiones que hombres de ingenio y santidad no comunes, bajo la vigilancia del sagrado Magisterio y con la luz y guía del Espíritu Santo, han concebido, expresado y perfeccionado —con un trabajo de siglos— para expresar las verdades de la fe, cada vez con mayor exactitud, y (suma imprudencia es) sustituirlas con nociones hipotéticas o expresiones fluctuantes y vagas de la nueva filosofía, que, como las hierbas del campo, hoy existen, y mañana caerían secas; aún más: ello convertiría el mismo dogma en una caña agitada por el viento. Además de que el desprecio de los términos y nociones que

suelen emplear los teóricos escolásticos conducen forzosamente a debilitar la teología llamada especulativa, la cual, según ellos, carece de verdadera certeza, en cuanto que se funda en razones teológicas.

12. Por desgracia, estos amigos de novedades fácilmente pasan del desprecio de la teología escolástica a tener en menos y aun a despreciar también el mismo Magisterio de la Iglesia, que con su autoridad tanto peso ha dado a aquella teología. Presentan este Magisterio como un impedimento del progreso y como un obstáculo de la ciencia; y hasta hay católicos que lo consideran como un freno injusto, que impide que algunos teólogos más cultos renueven la teología. Y aunque este sagrado Magisterio, en las cuestiones de fe y costumbres, debe ser para todo teólogo la norma próxima y universal de la verdad (ya que a él ha confiado nuestro Señor Jesucristo la custodia, la defensa y la interpretación del todo el depósito de la fe, o sea, las Sagradas Escrituras y la Tradición divina), sin

embargo a veces se ignora, como si no existiese, la obligación que tienen todos los fieles de huir de aquellos errores que más o menos se acercan a la herejía, y, por lo tanto, de observar también las constituciones y decretos en que la Santa Sede ha proscrito y prohibido las tales opiniones falsas [2].

Hay algunos que, de propósito y habitualmente, desconocen todo cuanto los Romanos Pontífices han expuesto en las Encíclicas sobre el carácter y la constitución de la Iglesia; y ello, para hacer prevalecer un concepto vago que ellos profesan y dicen haber sacado de los antiguos Padres, especialmente de los griegos. Y, pues los sumos pontífices, dicen ellos, no quieren determinar nada en las opiniones disputadas entre los teólogos, se ha de volver a las fuentes primitivas, y con los escritos de los antiguos se han de explicar las constituciones y decretos del Magisterio.

13. Afirmaciones éstas, revestidas tal vez de un estilo elegante, pero que no carecen de falacia. Pues es verdad que los

Romanos Pontífices, en general, conceden libertad a los teólogos en las cuestiones disputadas —en distintos sentidos— entre los más acreditados doctores; pero la historia enseña que muchas cuestiones que algún tiempo fueron objeto de libre discusión no pueden ya ser discutidas.

14. Ni puede afirmarse que las enseñanzas de las encíclicas no exijan de por sí nuestro asentimiento, pretextando que los Romanos Pontífices no ejercen en ellas la suprema majestad de su Magisterio.

Pues son enseñanzas del Magisterio ordinario, para las cuales valen también aquellas palabras: *El que a vosotros oye, a mí me oye* [3]; y la mayor parte de las veces, lo que se propone e inculca en las Encíclicas pertenece ya —por otras razones— al patrimonio de la doctrina católica. Y si los sumos pontífices, en sus constituciones, de propósito pronuncian una sentencia en materia hasta aquí disputada, es evidente que, según la intención y voluntad de los mismos pontífices, esa cuestión ya no se puede tener como de libre discusión entre los teólogos.

15. También es verdad que los teólogos deben siempre volver a las fuentes de la Revelación divina, pues a ellos toca indicar de qué manera se encuentre explícita o implícitamente [4] en la Sagrada Escritura y en la divina tradición lo que enseña el Magisterio vivo. Además, las dos fuentes de la doctrina revelada contienen tantos y tan sublimes tesoros de verdad, que nunca realmente se agotan. Por eso, con el estudio de las fuentes sagradas se rejuvenecen continuamente las sagradas ciencias, mientras que, por lo contrario, una especulación que deje ya de investigar el depósito de la fe se hace estéril, como vemos por experiencia. Pero esto no autoriza a hacer de la teología, aun de la positiva, una ciencia meramente histórica. Porque junto con esas sagradas fuentes, Dios ha dado a su Iglesia el Magisterio vivo, para ilustrar también y declarar lo que en el Depósito de la fe no se contiene sino oscura y como implícitamente. Y el divino Redentor no

ha confiado la interpretación auténtica de este depósito a cada uno de sus fieles, ni un a los teólogos, sino sólo al Magisterio de la Iglesia. Y si la Iglesia ejerce este su oficio (como con frecuencia lo ha hecho en el curso de los siglos con el ejercicio, ya ordinario, ya extraordinario, del mismo oficio), es evidentemente falso el método que trata de explicar lo claro con lo oscuro; antes bien, es menester que todos sigan el orden inverso. Por los cual, nuestro predecesor, de inmortal memoria, Pío IX, al enseñar que es deber nobilísimo de la teología mostrar cómo una doctrina definida por la Iglesia se contiene en las fuentes, no sin grave motivo añadió aquellas palabras: con el mismo sentido, con que ha sido definida por la Iglesia.

16. Volviendo a las nuevas teorías de que tratamos antes, algunos proponen o insinúan en los ánimos muchas opiniones que disminuyen la autoridad divina de la Sagrada Escritura, pues se atreven a adulterar el sentido de las palabras con que el concilio Vaticano define qué Dios es el autor de la Sagrada Escritura y

renuevan una teoría, ya muchas veces condenada, según la cual la inerrancia de la Sagrada Escritura se extiende sólo a los textos que tratan de Dios mismo, de la religión o de la moral. Más aún: sin razón hablan de un sentido humano de la Biblia, bajo el cual se oculta el sentido divino, que es, según ellos, el sólo infalible. En la interpretación de la Sagrada Escritura no quieren tener en cuenta la analogía de la fe ni la tradición de la Iglesia, de manera que la doctrina de los Santos Padres y del sagrado Magisterio, debe ser medida por la de las Sagradas Escrituras, explicadas — éstas— por los exegetas de un modo meramente humano, más bien que exponer las Sagradas Escrituras según la mente de la Iglesia, que ha sido constituida por Nuestro Señor Jesucristo como guarda e intérprete de todo el depósito de las verdades reveladas.

17. Además, el sentido literal de la Sagrada Escritura y su exposición, que tantos y tan eximios exegetas, bajo la vigilancia de la Iglesia, han elaborado, deben ceder el puesto, según las falsas

opiniones de éstos [los nuevos], a una nueva exégesis que llaman simbólica o espiritual, con la cual los libros del Antiguo Testamento, que actualmente en la Iglesia son como una fuente cerrada y oculta, llegarían por fin a abrirse para todos. De esta manera, afirman, desaparecen todas las dificultades, que solamente encuentran los que se atienen al sentido literal de las Sagradas Escrituras.

18. Todos ven cuánto se apartan estas opiniones de los principios y normas hermenéuticas justamente establecidas por nuestros predecesores, de feliz memoria, León XIII, en la encíclica *Providentissimus*, y Benedicto XV, en la encíclica *Spiritus Paraclitus*, y también por Nos mismo en la encíclica *Divino afflante Spiritu*.

19. No hay, pues, que admirarse que estas novedades hayan producido frutos venenosos ya en casi todos los tratados de teología. Se pone en duda si la razón humana, sin la ayuda de la divina revelación y de la divina gracia, puede

demostrar la existencia de un Dios personal con argumentos deducidos de las cosas creadas; se niega que el mundo haya tenido principio, y se afirma que la creación del mundo es necesaria, pues procede de la necesaria liberalidad del amor divino; se niega asimismo a Dios la presencia eterna e infalible de las acciones libres de los hombres: opiniones todas contrarias del concilio Vaticano [5].

20. También hay algunos que plantean el problema de si los ángeles son personas; y si hay diferencia esencial entre la materia y el espíritu. Otros desvirtúan el concepto del carácter gratuito del orden sobrenatural, pues defienden que Dios no puede crear seres inteligentes sin ordenarlos y llevarlos a la visión beatífica. Y, no contentos con esto, contra las definiciones del concilio de Trento, destruyen el concepto del pecado original, junto con el del pecado en general en cuanto ofensa de Dios, así como también el de la satisfacción que Cristo ha dado por nosotros. Ni faltan quienes sostienen que la doctrina de la transubstanciación, al estar fundada sobre un concepto ya

anticuado de la sustancia, debe ser corregida de manera que la presencia real de Cristo en la Eucaristía quede reducida a un simbolismo, según el cual las especies consagradas no son sino señales eficaces de la presencia espiritual de Cristo y de su íntima unión en el Cuerpo místico con los miembros fieles.

21. Algunos no se consideran obligados por la doctrina —que, fundada en las fuentes de la revelación, expusimos Nos hace pocos años en una Encíclica—, según la cual el Cuerpo místico de Cristo y la Iglesia católica romana son una sola y misma cosa [6]. Otros reducen a una pura fórmula la necesidad de pertenecer a la verdadera Iglesia para conseguir la salud eterna. Otros, finalmente, no admiten el carácter racional de los signos de la credibilidad de la fe cristiana.

22. Es notorio que estos y otros errores semejantes se propagan entre algunos hijos nuestros, equivocados por un imprudente celo o por una ciencia falsa; y con tristeza nos vemos obligados a repetirles —a estos hijos— verdades

conocidísimas y errores manifiestos, señalándoles con preocupación los peligros del error.

Todos conocen bien cuánto estima la Iglesia el valor de la humana razón, cuyo oficio es demostrar con certeza la existencia de un solo Dios personal, comprobar invenciblemente los fundamentos de la misma fe cristiana por medio de sus notas divinas, establecer claramente la ley impresa por el Creador en las almas de los hombres y, por fin, alcanzar algún conocimiento, siquiera limitado, aunque muy fructuoso, de los misterios [7].

II. DOCTRINA DE LA IGLESIA

23. Pero este oficio sólo será cumplido bien y seguramente, cuando la razón esté convenientemente cultivada, es decir, si hubiere sido nutrida con aquella sana filosofía, que es como un patrimonio heredado de las precedentes generaciones cristianas, y que, por consiguiente, goza de una mayor autoridad, porque el mismo Magisterio de la Iglesia ha utilizado sus principios y sus principales asertos, manifestados y precisados lentamente, a través de los tiempos, por hombres de gran talento, para comprobar la misma divina revelación. Y esta filosofía, confirmada y comúnmente aceptada por la Iglesia, defiende el verdadero y genuino valor del conocimiento humano, los inconcusos principios metafísicos —a saber: los de razón suficiente, causalidad y finalidad— y, finalmente sostiene que se puede llegar a la verdad cierta e inmutable.

24. En tal filosofía se exponen, es cierto, muchas cosas que ni directa ni indirectamente se refieren a la fe o las

costumbres, y que, por lo mismo, la Iglesia deja a la libre disputa de los especialistas; pero no existe la misma libertad en muchas otras materias, principalmente en lo que toca a los principios y a los principales asertos que, poco ha, hemos recordado. Aun en estas cuestiones esenciales se puede vestir a la filosofía con más aptas y ricas vestiduras, reforzarla con más eficaces expresiones, despojarla de cierta terminología escolar menos conveniente, y hasta enriquecerla —pero con cautela— con ciertos elementos dejados a la elaboración progresiva del pensamiento humano; pero nunca es lícito derribarla o contaminarla con falsos principios, ni estimarla como un gran monumento, pero ya anticuado. Pues la verdad y sus expresiones filosóficas no pueden estar sujetas a cambios continuos, principalmente cuando se trate de los principios que la mente humana conoce por sí misma o de aquellos juicios que se apoyan tanto en la sabiduría de los siglos como en el consentimiento y fundamento aun de la misma revelación divina. Ninguna verdad, que la mente humana hubiese descubierto mediante una sincera investigación, puede estar en contradicción con otra verdad ya alcanzada, porque Dios la suma Verdad, creó y rige la humana inteligencia no para que cada día oponga nuevas verdades a las ya realmente adquiridas, sino para que, apartados los errores que tal vez se hayan introducido, vaya añadiendo verdades a verdades de un modo tan ordenado y orgánico como el que aparece en la constitución misma de la naturaleza de las cosas, de donde se extrae la verdad. Por ello, el cristiano, tanto filósofo como teólogo, no abraza apresurada y ligeramente las novedades que se ofrecen todos los días, sino que ha de examinarlas con la máxima diligencia y ha de someterlas a justo examen, no sea que pierda la verdad ya adquirida o la corrompa, ciertamente con grave peligro y daño aun para la fe misma.

25. Considerando bien todo lo ya expuesto más arriba, fácilmente se comprenderá porqué la Iglesia exige que los futuros sacerdotes sean instruidos en las disciplinas filosóficas según el

método, la doctrina y los principios del Doctor Angélico [8], pues por la experiencia de muchos siglos sabemos ya bien que el método del Aquinatense se distingue por una singular excelencia, tanto para formar a los alumnos como para investigar la verdad, y que, además, su doctrina está en armonía con la divina revelación y es muy eficaz así para salvaguardar los fundamentos de la fe como para recoger útil y seguramente los frutos de un sano progreso [9].

26. Por ello es muy deplorable que hoy en día algunos desprecien una filosofía que la Iglesia ha aceptado y aprobado, y que imprudentemente la apelliden anticuada por su forma y *racionalística* (así dicen) por el progreso psicológico. Pregonan que esta nuestra filosofía defiende erróneamente la posibilidad de una metafísica absolutamente verdadera; mientras ellos sostienen, por lo contrario, que las verdades, principalmente las trascendentales, sólo pueden convenientemente expresarse mediante doctrinas dispares que se completen mutuamente, aunque en cierto modo

sean opuestas entre sí. Por ello conceden que la filosofía enseñada en nuestras escuelas, con su lúcida exposición y solución de los problemas, con su exacta precisión de conceptos y con sus claras distinciones, puede ser útil como preparación al estudio de la teología escolástica, como se adaptó perfectamente a la mentalidad del Medievo; pero —afirman— no es un método filosófico que responda ya a la cultura y a las necesidades modernas. Agregan, además, que la filosofía perenne no es sino la filosofía de las esencias inmutables, mientras que la mente moderna ha de considerar la existencia de los seres singulares y la vida en su continua evolución. Y mientras desprecian esta filosofía ensalzan otras, antiguas o modernas, orientales u occidentales, de tal modo que parecen insinuar que, cualquier filosofía o doctrina opinable, añadiéndole —si fuere menester— algunas correcciones o complementos, puede conciliarse con el dogma católico. Pero ningún católico puede dudar de cuán falso sea todo eso, principalmente cuando se trata de sistemas como el Inmanentismo, el Idealismo, el Materialismo, ya sea histórico, ya dialéctico, o también el Existencialismo, tanto si defiende el ateísmo como si impugna el valor del raciocinio en el campo de la metafísica.

Por fin, achacan a la filosofía enseñada en nuestras escuelas el defecto de que, en el proceso del conocimiento, atiende sólo a la inteligencia, menospreciando el oficio de la voluntad y de los sentimientos. Lo cual no es verdad. La filosofía cristiana, en efecto, nunca ha negado la utilidad y la eficacia de las buenas disposiciones que todo espíritu tiene para conocer y abrazar los principios religiosos y morales; más aún: siempre ha enseñado que la falta de tales disposiciones puede ser la causa de que el entendimiento, bajo el influjo de las pasiones y de la mala voluntad, de tal manera se obscurezca que no pueda ya llegar a ver con rectitud. Y el Doctor común cree que el entendimiento puede en cierto modo percibir los más altos bienes correspondientes al orden moral, tanto natural como sobrenatural, en cuanto que experimenta en lo íntimo una cierta efectiva connaturalidad con esos mismos bienes, ya sea natural, ya por medio de la gracia divina [10]; y se comprende bien cómo ese conocimiento, por poco claro que sea, puede ayudar a la razón en sus investigaciones. Pero una cosa es reconocer la fuerza de la voluntad y de los sentimientos para ayudar a la razón a alcanzar un conocimiento más cierto y más seguro de las cosas morales, y otra lo que intentan estos innovadores, esto es, atribuir a la voluntad y a los sentimientos un cierto poder de intuición y afirmar que el hombre, cuando con la razón no puede ver con claridad lo que debería abrazar como verdadero, acude a la voluntad, gracias a la cual elige libremente para resolverse entre las opiniones opuestas, con lo cual de mala manera mezclan el conocimiento y el acto de la voluntad.

27. No es de maravillar que, con estas nuevas opiniones, estén en peligro las dos disciplinas filosóficas que por su misma naturaleza están estrechamente

relacionadas con la doctrina católica, a saber: la teodicea y la ética. Sostienen ellos que el oficio de éstas no es demostrar con certeza alguna verdad tocante a Dios o a cualquier otro ser trascendente, sino más bien el mostrar que cuanto la fe enseña acerca de Dios personal y de sus preceptos, es enteramente conforme a las necesidades de la vida, y que por lo mismo todos deben abrazarlo para evitar la desesperación y alcanzar la salvación eterna. Afirmaciones éstas, claramente opuestas a las enseñanzas de nuestros predecesores León XIII y Pío X, e inconciliables con los decretos del concilio Vaticano. Inútil sería el deplorar tales desviaciones de la verdad si, aún en el campo filosófico, todos mirasen con la debida reverencia al Magisterio de la Iglesia, la cual por divina institución tiene la misión no sólo de custodiar e interpretar el depósito de la verdad revelada, sino también vigilar sobre las mismas disciplinas filosóficas para que los dogmas no puedan recibir daño alguno de las opiniones no rectas.

III. LAS CIENCIAS

28. Resta ahora decir algo sobre determinadas cuestiones que, aun perteneciendo a las ciencias llamadas positivas, se entrelazan, sin embargo, más o menos con las verdades de la fe cristiana. No pocos ruegan con insistencia que la fe católica tenga muy en cuenta tales ciencias; y ello ciertamente es digno de alabanza, siempre que se trate de hechos realmente demostrados; pero es necesario andar con mucha cautela cuando más bien se trate sólo de hipótesis, que, aun apoyadas en la ciencia humana, rozan con la doctrina contenida en la Sagrada Escritura o en la tradición. Si tales hipótesis se oponen directa o indirectamente a la doctrina revelada por Dios, entonces sus postulados no pueden admitirse en modo alguno.

29. Por todas estas razones, el Magisterio de la Iglesia no prohíbe el que —según el estado actual de las ciencias y la teología— en las investigaciones y disputas, entre los hombres más

competentes de entrambos campos, sea objeto de estudio la doctrina del evolucionismo, en cuanto busca el origen del cuerpo humano en una materia viva preexistente —pero la fe católica manda defender que las almas son creadas inmediatamente por Dios—. Mas todo ello ha de hacerse de manera que las razones de una y otra opinión —es decir la defensora y la contraria al evolucionismo— sean examinadas y juzgadas seria, moderada y templadamente; y con tal que todos se muestren dispuestos a someterse al juicio de la Iglesia, a quien Cristo confirió el encargo de interpretar auténticamente las Sagradas Escrituras y defender los dogmas de la fe [11]. Pero algunos traspasan esta libertad de discusión, obrando como si el origen del cuerpo humano de una materia viva preexistente fuese ya absolutamente cierto y demostrado por los datos e indicios hasta el presente hallados y por los raciocinios en ellos fundados; y ello, como si nada hubiese en las fuentes de la revelación que exija la máxima moderación y cautela en esta materia.

30. Mas, cuando ya se trata de la otra hipótesis, es a saber, la del poligenismo, los hijos de la Iglesia no gozan de la misma libertad, porque los fieles cristianos no pueden abrazar la teoría de que después de Adán hubo en la tierra verdaderos hombres no procedentes del mismo proto-pariente por natural generación, o bien de que Adán significa el conjunto de muchos primeros padres, pues no se ve claro cómo tal sentencia pueda compaginarse con cuanto las fuentes de la verdad revelada y los documentos del Magisterio de la Iglesia enseñan sobre el pecado original, que procede de un pecado en verdad cometido por un solo Adán individual y moralmente, y que, transmitido a todos los hombres por la generación, es inherente a cada uno de ellos como suyo propio [12].

31. Y como en las ciencias biológicas y antropológicas, también en las históricas algunos traspasan audazmente los límites y las cautelas que la Iglesia ha establecido. De un modo particular es deplorable el modo extraordinariamente

libre de interpretar los libros del Antiguo Testamento. Los autores de esa tendencia, para defender su causa, sin razón invocan la carta que la Comisión Pontificia para los Estudios Bíblicos envió no hace mucho tiempo al arzobispo de París [13]. La verdad es que tal carta advierte claramente cómo los once primeros capítulos del Génesis, aunque propiamente no concuerdan con el método histórico usado por los eximios historiadores grecolatinos y modernos, no obstante pertenecen al género histórico en un sentido verdadero, que los exegetas han de investigar y precisar; los mismos capítulos —lo hace notar la misma carta—, con estilo sencillo y figurado, acomodado a la mente de un pueblo poco culto, contienen ya las verdades principales y fundamentales en que se apoya nuestra propia salvación, ya también una descripción popular del origen del género humano y del pueblo escogido.

32. Mas si los antiguo hagiógrafos tomaron algo de las tradiciones populares —lo cual puede ciertamente

concederse—, nunca ha de olvidarse que ellos obraron así ayudados por la divina inspiración, la cual los hacía inmunes de todo error al elegir y juzgar aquellos documentos. Por lo tanto, las narraciones populares incluidas en la Sagrada Escritura, en modo alguno pueden compararse con las mitologías u otras narraciones semejantes, las cuales más bien proceden de una encendida imaginación que de aquel amor a la verdad y a la sencillez que tanto resplandece en los libros Sagrados, aun en los del Antiguo Testamento, hasta el punto de que nuestros hagiógrafos deben ser tenidos en este punto como claramente superiores a los escritores profanos.

33. En verdad sabemos Nos cómo la mayoría de los doctores católicos, consagrados a trabajar con sumo fruto en las universidades, en los seminarios y en los colegios religiosos, están muy lejos de esos errores, que hoy abierta u ocultamente se divulgan o por cierto afán de novedad o por un inmoderado celo de apostolado. Pero sabemos también que

tales nuevas opiniones hacen su presa entre los incautos, y por lo mismo preferimos poner remedio en los comienzos, más bien que suministrar una medicina, cuando la enfermedad esté ya demasiado inveterada. Por lo cual, después de meditarlo y considerarlo largamente delante del Señor, para no faltar a nuestro sagrado deber, mandamos a los obispos y a los superiores generales de las órdenes y congregaciones religiosas, cargando gravísimamente sus consecuencias, que con la mayor diligencia procuren el que ni en las clases, ni en reuniones o conferencias, ni con escritos de ningún género se expongan tales opiniones, en modo alguno, ni a los clérigos ni a los fieles cristianos.

34. Sepan cuantos enseñan en Institutos eclesiásticos que no pueden en conciencia ejercer el oficio de enseñar que les ha sido concedido, si no acatan con devoción las normas que hemos dado y si no las cumplen con toda exactitud en la formación de sus discípulos. Esta reverencia y obediencia que en su asidua

labor deben ellos profesar al Magisterio de la Iglesia, es la que también han de infundir en las mentes y en los corazones de sus discípulos.

Esfuércense por todos medios y con entusiasmo para contribuir al progreso de las ciencias que enseñan; pero eviten también el traspasar los límites por Nos establecidos para la defensa de la fe y de la doctrina católica. A las nuevas cuestiones que la moderna cultura y el progreso del tiempo han hecho de gran actualidad, dediquen los resultados de sus más cuidadosas investigaciones, pero con la conveniente prudencia y cautela; finalmente, no crean, cediendo a un falso irenismo, que pueda lograrse una feliz vuelta —a la Iglesia— de los disidentes y los que están en el error, si la verdad íntegra que rige en la Iglesia no es enseñada a todos sinceramente, sin ninguna corrupción y sin disminución alguna.

Fundados en esta esperanza, que vuestra pastoral solicitud aumentará todavía, como prenda de los dones celestiales y en señal de nuestra paternal benevolencia, a todos vosotros, venerables hermanos, a vuestro clero y a vuestro pueblo, impartimos con todo amor la bendición apostólica.

Dado en Roma, junto a San Pedro,
el 12 de agosto de 1950,
año duodécimo de nuestro pontificado.

PÍO PP. XII

NOTAS

[1] Conc. Vat. DB 1876, Const. De Fide cath.
cap. 2: De revelatione.
[2] CIC c. 1324; cf. Conc. Vat. DB 1820, Const.
De Fide cath. cap. 4: De Fide et ratione.
[3] Lc 10, 16.
[4] Pío IX, Inter gravissimas 28 oct. 1870: Acta
1, 260.
[5] Cf. Conc. Vat. i: Const. De Fide cath. cap. 1:
De Deo rerum omnium creatore.
[6] Cf. enc. Mystici Corporis Christi, AAS 34
(1942), 193 ss.
[7] Cf. Conc. Vat. I: DB 1796.
[8] CIC can. 1366, 2.
[9] AAS 38 (1946) 387.
[10] Cf. Sum. theol. II-II. q.1 a.4 y 3 y q. 45, a.2
c.
[11] Cf. Alloc. Pont. ad membra Academiae
Scientiarum, 30 nov. 1941: AAS 33 (1941) 506.
[12] Cf. Rom. 5, 12-19; Conc. Trid. ses. 5, can. 1-
4.
[13]. 16 en. 1948: AAS. 40 (1948) 45-48.

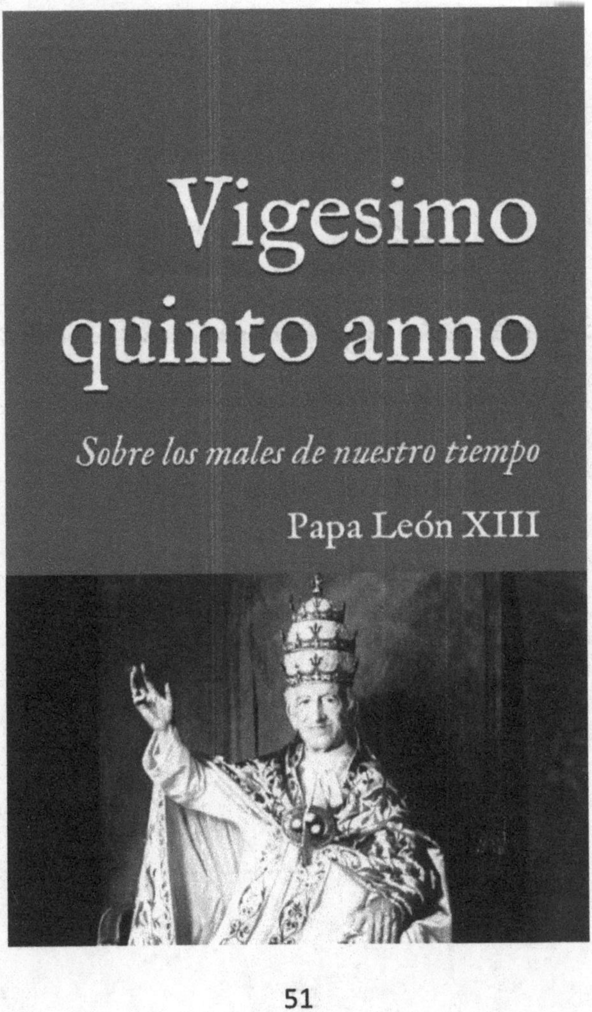

Esta primera edición
de

Humani generis

Encíclica sobre las falsas opiniones contra los

fundamentos de la doctrina católica

se da a la imprenta
el 16 de octubre de 2024,
festividad de
Santa Margarita.

LAUS DEO